DES

GOUVERNEMENS

ET

DE L'HOMME PUBLIC;

DU SUFFRAGE UNIVERSEL;

PAR

CHAUBRY DE TRONCENORD.

A PARIS,

DE L'IMPRIMERIE DE CRAPELET,

RUE DE VAUGIRARD, N° 9.

1834.

INTRODUCTION.

———

Jᴇ ne traiterai pas ces sujets d'une si haute importance avec la supériorité qu'ils exigent, je n'en ai que le sentiment ; mais j'ai pensé que les méditations d'un homme honnête, éclairées par une longue et pénible expérience (1), seraient accueillies avec bienveillance par la plus célèbre des Sociétés savantes, à laquelle j'ai l'honneur d'en faire hommage.

CHAUBRY DE TRONCENORD.

(1) J'étais député au 10 août 1792.

DES

GOUVERNEMENS

ET

DE L'HOMME PUBLIC;

DU SUFFRAGE UNIVERSEL.

DES GOUVERNEMENS.

CHAPITRE PREMIER.

Ce sont des faits de tous les jours, que, dans certaines discussions, on ne peut s'entendre qu'à demi parce que les intérêts sont différens, et que le moi humain gouverne le monde. Quand je dis qu'on ne peut s'entendre qu'à demi, je parle surtout des masses sans instruction suffisante; et il faut en convenir, les masses sont ce que la nature a voulu qu'elles fussent. Cette vérité prouve qu'une nation ne peut apprécier la liberté dont elle doit jouir, qu'autant qu'elle a été élevée dans des principes de sociabilité.

Quant aux hommes instruits, qui ne peuvent discuter avec le calme que commandent la sagesse et l'amour du vrai, il y a préoccupation, passion désordonnée; et l'esprit sans le jugement est plus dangereux qu'il n'est utile.

La limite de la liberté que le citoyen respecte est à son bonheur comme les semences que le cultivateur jette dans ses terres sont à ses intérêts. Connaître cette limite, voilà le problème à résoudre.

Les révolutions sont des torrens dévastateurs qu'un homme d'un noble caractère redoute moins pour lui que pour les autres. Essentiellement humain et généreux, il emploie tous ses moyens pour anéantir les irritations ; car l'ordre est au bonheur des individus ce que la circulation du sang est à la santé. Qu'il serait sublime le législateur dont les lois étoufferaient au berceau, et le despotisme, et l'anarchie !

Il est honnête de porter de l'intérêt aux personnes que les tempêtes révolutionnaires frappent au cœur, par la reconnaissance et les affections qu'elles doivent à leurs bienfaiteurs malheureux. Oui, ce serait leur faire injure que de les croire capables de fomenter la guerre civile ; leurs sentimens honorables ne peuvent s'allier avec l'infamie, et la probité philosophique leur commande de se résigner aux événemens extraordinaires.

Que si quelques uns de ces mécontens, sur lesquels la raison n'a pas prise, se complaisent à nourrir des haines éternelles, il faut les plaindre, et les abandonner à leur impuissance : la clémence est la vertu des grands cœurs et des têtes fortes.

CHAPITRE II.

Les gouvernemens despotiques hors de ligne, les autres ont leurs avantages et leurs inconvéniens, car en toutes choses l'abus tient à l'action : voilà l'homme.

Qu'une famille aille s'établir dans un désert, le père en est le souverain ; il pourrait pousser son autorité jusqu'au despotisme sans craindre d'être détrôné. Admirable nature ! qui donne aux pères, aux mères et aux enfans des sentimens d'amour si tendres et si respectueux !

Cette famille s'est-elle centuplée sans beaucoup s'étendre ? Ses rapports, qui ne sont plus les mêmes, nécessitent une sorte de république, à la tête de laquelle les plus capables sont naturellement placés, chaque individu faisant ses affaires privées comme il l'entend.

Quand enfin cette grande famille s'est tellement accrue qu'elle forme une petite nation, elle conserve la république, et par sa position, et par ses mœurs, et par ses habitudes ; en conclure que ce gouvernement est le seul qu'indique la nature, qui puisse faire le bonheur des sociétés, c'est dire que l'enfance est le seul âge raisonnable, et qu'il ne faut pas en sortir. Certes les républiques ont enfanté des héros, des citoyens d'une vertu sublime ; et ce sont ces merveilles qui enflamment les jeunes têtes, dont les sentimens sont d'autant plus généreux qu'ils ne sont pas mûris par l'expérience et la méditation. Toujours est-il que la ruine des républiques est la conséquence des volcans sur lesquels elles s'établissent. Elles se maintiennent plus ou moins long-temps selon la population, la civilisation, la fertilité du sol et les divers événemens politiques qu'on ne peut prévoir. Leurs jours de gloire et de prospérité finissent par les frapper à mort; résultat infaillible de la chaleur qui les travaille jusqu'à l'épuisement : les États-Unis d'Amérique ne seront pas toujours unis.

Qu'on ne croie pas me réfuter en me demandant s'il existe une monarchie, toujours la même, depuis dix mille ans. Il n'y a pas d'éternité dans ce monde; et comment espérer qu'un gouvernement sans cesse heurté, frappé par les passions intérieures et extérieures vieillira comme le soleil ?

Toujours est-il vrai qu'une monarchie bien constituée, est le gouvernement qui va le mieux au but que les grandes sociétés se proposent d'atteindre : l'ordre, la sécurité, la liberté de tout dire et de tout faire sans nuire à autrui; et comme le renouvellement de la population s'oppose à ce que la majorité des citoyens ait les lumières et la sagesse que commande la liberté, les lois sont aux peuples ce que la boussole est aux marins.

Après Eschyle vint la vieille comédie, qui ne put conserver la grande considération qu'elle s'était acquise, parce que la licence finit par flétrir sa liberté. Une loi de répression fut nécessaire, et la comédie fut frappée à mort. Oui, oui, la licence de tout dire fait plus de mal à un homme d'honneur que de tout faire, parce qu'il tient plus à sa réputation qu'à la vie.

La liberté sans doute est inhérente à l'homme, mais elle pâlit devant l'amour; et pourquoi ne voit-on per-

sonne célébrer les crimes, les erreurs même de l'amour ?
De l'amour ! cette voluptueuse nécessité de la création,
sans laquelle l'existence serait sans prix ! ah ! pourquoi ?
C'est que l'amour est individuel, et qu'on ne peut détruire un gouvernement qu'en abusant de la crédulité
du peuple, d'autant plus facile à tromper, qu'étant
juste et honnête par volonté, il admire ce qu'il croit
être tel : il faut donc flatter les passions des masses pour
les soulever jusqu'aux excès, dont elles seront les vic-
times. Non, non, le peuple ne fut jamais outragé d'un
mépris aussi révoltant que par les crimes de 1792 et
93. Le chefs sanguinaires de cette époque de fourberie,
au nom du peuple dont ils se moquaient, profanèrent
impitoyablement la liberté, fille du ciel, qui commande
toutes les vertus sociales.

La seule considération qu'on puisse présenter relati-
vement à ces instabilités humaines, ressort un peu de
cette soif de nouveautés qui travaille le monde, et dans
ce qu'il y a de plus futile, et dans ce qu'il y a de plus
grave. Toutefois, ne faut-il pas prendre pour principe
le sens de ce vers :

> L'ennui naquit un jour de l'uniformité,

victorieusement restreint par ce proverbe populaire :
L'habitude est une seconde nature; mais que ce désir
instinctif de nouveautés soit chauffé par des intérêts
d'ambition, on verra des hommes recommandables par
leur savoir, leurs talens et leur probité privée, dont
les opinions politiques ne sont pas les mêmes, travailler de concert à détruire l'édifice social jusque dans ses

fondemens;... et c'est par humanité, bien entendu, que ces hommes de sentimens contraires poussent une nation à s'exterminer par la guerre civile.

La liberté de la création serait-elle incompatible avec la liberté sociale? s'il en était ainsi, l'intelligence de l'homme serait le plus grand des malheurs, puisqu'elle en ferait l'animal le plus cruel. Les lois! les lois sanctionnées par les mœurs, sont aux sociétés ce que le soleil est à la végétation.

DE L'HOMME PUBLIC.

L'homme public exerce des fonctions législatives, judiciaires, administratives, ou il porte les armes pour la défense de la patrie. Ces nobles fonctions exigent les quatre vertus dont parlent les philosophes; mais quelques unes d'elles sont plus ou moins positives, selon les différens états.

Je vais définir l'homme public par un examen rapide de ce qu'il doit être. Je le suivrai dans l'habitude de sa vie sociale; d'où sortira la moralité qui doit le diriger en toutes choses.

CHAPITRE PREMIER.

DU LÉGISLATEUR.

Le bonheur des hommes occupe continuellement le génie du législateur. C'est de cette source féconde que jaillissent ses sublimes conceptions. Il a l'âme généreuse, forte, active; il embrasse l'univers par la pensée, et l'autel de la patrie est dans son cœur. Véritable dieu sur la terre, dont la bonté surpasse encore la puissance, il a toutes les vertus, sans qu'on puisse jamais lui imputer les maux qui désolent le monde.

CHAPITRE II.

DU MAGISTRAT.

Le juge en matières civiles est intègre comme la loi. Le magistrat politique doit avoir la perspicacité du législateur. Ce n'est point assez qu'il connaisse les lois. Il est au-dessous de sa position s'il n'en pénètre pas l'esprit. Il n'oubliera jamais qu'il est homme, comme le dit Montaigne, étant maire de Bordeaux; mais jamais aussi le bon citoyen ne sacrifiera la société à l'homme. Un misérable, l'effroi d'un canton, croyait avoir étranglé son père; il était absous par ce sentiment si doux, si généreux, par pitié, si l'un des jurés n'eût pas observé qu'innocenter ce monstre, c'était absence de pitié, puisque c'était encourager le crime.

Il est à désirer que le magistrat ait de la dignité dans le maintien, et que la sérénité d'un homme de bien soit peinte sur sa figure; car il vit de l'estime publique, et il y a des rapports positifs entre l'âme et tout ce qui compose le visage : les discordances qui existent à cet égard sont des écarts de la nature.

Le magistrat écoute avec le calme de la Divinité les avocats des particuliers que l'intérêt divise, et sa conscience fait le jugement. Oui, sa conscience met à ses pieds tous les genres de séductions; et rien de plus simple pour M. le premier président de la Cour royale que la réponse qu'il fit à un homme puissant : « La Cour rend des arrêts et ne rend pas de services. »

Une affaire présente-t-elle des doutes? le juge la travaille de toutes ses facultés, et lorsqu'il est au moment de donner son avis, il invoque la déesse au nom de laquelle il rend la justice.

CHAPITRE III.

DE L'ADMINISTRATEUR.

Un bon administrateur a de grandes qualités. Il ne plane point sur les hommes ; il vit au milieu d'eux ; mais il doit avoir le talent de les connaître, de s'en faire estimer et aimer. Il encourage l'agriculture et le commerce ; il honore les sciences et les arts ; il stimule l'industrie. Il observe religieusement la justice distributive ; et fidèle dépositaire de l'autorité qui lui est confiée, il n'en use que pour l'utilité publique ; il est l'ami de ses administrés et veille pour leur bonheur.

CHAPITRE IV.

DU MILITAIRE.

Un généreux dévouement à la patrie, l'amour de la gloire, des sentimens d'honneur inaltérables, voilà le militaire. La noble ambition d'illustrer sa carrière charme son existence ; telle est la véritable cause de l'aimable caractère qui le distingue.

CHAPITRE V.

DES DEVOIRS.

L'amour de soi étant le premier sentiment de chaque être, c'est par le jeu des passions qu'on découvrira le véritable caractère de la bonté dans l'homme public ; tous les écrits des philosophes sont découlés de la plénitude de ce sentiment, l'amour de soi ; et en effet, la connaissance du cœur humain est la science par excellence. Elle est de tous les âges et de tous les temps. C'est par elle que les chefs des états s'emparent des volontés et qu'ils les dirigent vers l'utilité publique ; c'est par elle qu'un général devient l'idole des braves qu'il commande ; c'est par elle que les jurés pénètrent dans l'âme des accusés, et que les juges font une équitable application des peines à infliger ; c'est par elle qu'un administrateur habile fait aimer le gouvernement ; c'est par elle enfin qu'on gouverne le monde et qu'on inspire les sentimens les plus doux.

L'amour de soi est purement physique chez les animaux, mais il est physique et intellectuel chez l'homme ; différence essentielle qu'il doit à la perfection de son être. C'est de cette organisation intellectuelle que partent tous les principes de morale, que sortent tous les devoirs, sans lesquels il n'y aurait pas de société possible, puisqu'il n'y aurait ni justice ni humanité.

Quelques anciens sont très répréhensibles de n'avoir envisagé le moi humain que sous le rapport physique ; ils séparent l'homme de l'homme ; ils le voient dans l'état de sauvage, sans lui conseiller d'aller vivre dans les déserts ; ils compromettent ainsi la société ; ils la corrompent ; ils en préparent la dissolution. Un bon citoyen ne dira point avec Hégésias et Théodore, que le sage ne doit rien faire que pour soi, qu'il ne doit pas exposer la sagesse pour des fous. Cette doctrine est anti-sociale ; elle ne participe de la philosophie qu'en ce qu'elle annonce une tête libre de passions ; qualité précieuse pour quiconque est en position d'écouter et de juger, mais qui , n'étant pas accompagnée de sentimens généreux, n'a jamais produit l'admiration ni mérité de reconnaissance. Le phlegme philosophique n'est qu'une qualité négative, et la vertu est dans l'action.

Socrate n'a point fait des leçons d'égoïsme ni de lâcheté. L'amour de ses semblables , de la patrie, de sa famille, de ses devoirs, de l'honnêteté ; tels étaient les sujets de ses discours publics et privés. De quel respect n'est-on pas pénétré pour ce vaillant philosophe, lorsqu'on le voit voler au secours d'Alcibiade accablé des ennemis, le couvrir de son corps, et le dégager à vive force d'armes ; relever et sauver Xénophon à la bataille d'Élienne ; faire tous ses efforts pour enlever Théramène, que les trente tyrans faisaient mener à la mort, et ne se désister de cette périlleuse entreprise que sur les remontrances de Théramène même ! Ce qui plaît, ce qui commande l'admiration dans la vie de Socrate, c'est que l'exemple précède ou suit la leçon, et c'est bien le cas de dire avec Montaigne : « Le vrai miroir de nos discours est le cours de nos vies. »

Que les ouvrages de ces froids rhéteurs, dont les pensées n'émanent que de la tête, ne pénètrent jamais dans nos écoles ! Il faut plus que de l'esprit pour faire de bons citoyens : il faut des vertus sociales.

Je vais faire voir en outre que celui-là manque de

jugement, qui, vivant en société, veut s'en isoler par sa maxime; que cet axiome « *nemo sibi secundus* » n'est qu'énonciatif de la constitution de chaque être; et que loin d'en conclure avec Hégésias et Théodore que le sage ne doit pas se hasarder pour son pays, on y trouve implicitement l'obligation pour chaque citoyen de contribuer de tout son pouvoir au bonheur de ses semblables. Oui, celui-là manque de jugement qui croit pouvoir s'isoler de la société au milieu de laquelle il vit, et le jugement fait plus sûrement le bonheur de la vie que l'esprit; aussi Plutarque en faisait-il plus de cas que de la science.

« La vie, dit Platon, ne nous a pas été donnée uniquement pour nous, nous en devons une partie à l'état et à nos amis. »

« La fertilité de la terre, disent les stoïciens, se rapporte à l'homme; et s'il est vrai que l'homme lui-même soit né pour l'homme, afin que tous soient utiles à tous, prenons la nature pour guide, mettons tous nos avantages en commun par un échange de services et de bienfaits, et faisons servir nos talens, notre industrie, nos moyens, à resserrer de plus en plus les liens de la société. »

Ce qui prouve à l'évidence que l'homme a été créé pour l'homme, c'est le sentiment de la pitié, noble et tendre sentiment, qui par des commotions électriques enfante la bienveillance, la justice, la générosité, le courage jusqu'à braver la mort. Cette merveilleuse organisation réfute victorieusement les argumens qu'ont faits des sophistes pour établir que la nature n'a point destiné l'homme à vivre en société. Ils n'ont pas vu que les qualités morales de l'homme lui seraient inutiles s'il vivait à la manière des bêtes. Les sociétés ont eu leur naissance sans doute, parce que tout ce qui est a commencé d'être ; et si le grand œuvre de la création est un mystère pour nous, disons avec Platon : « Ce que je ne vois pas n'est-ce pas pour être aveugle. »

Il résulte de ces raisonnemens qu'un homme public qui ne serait pas persuadé que l'homme est fait pour l'homme ne pourrait avoir l'amour de ses devoirs ; car comme il n'y a point d'effet sans cause, il n'aurait qu'un intérêt relatif et secondaire à servir la société. Ce principe que l'homme se doit à l'homme étant consacré, il est évident que nul citoyen ne peut sans honte être indifférent à la prospérité, à la gloire de la nation au milieu de laquelle il vit. La conviction de cette vérité est à la morale ce que les fondations sont à un édifice.

J'ai lu beaucoup d'ouvrages de philosophie et de morale, et je n'ai pas été satisfait également de tous. L'art de dire, le talent d'écrire, n'ont pas toujours la conviction pour conséquences. Quelques auteurs plus éloquens que serrés, ne s'emparent pas assez du lecteur par la force des preuves ; ils ne font point assez sentir l'utilité qu'il y a d'être un homme de bien. D'autres, par un excès contraire, ont une philosophie mystique, qui ne peut être entendue que par des anges. C'est une erreur du jugement qui n'est pas sans danger ; car l'exagération dans les sentimens fait douter de leur existence. Que les philosophes laissent cette magie aux poètes, qui charment d'autant mieux l'esprit et le cœur que leur brillant génie pousse les illusions jusqu'au sublime idéal. Que les philosophes, dis-je, approprient leurs doctrines à la condition humaine, qu'elles ne soient ni relâchées ni surnaturelles.

La recherche du bonheur étant le principe et la fin de toutes nos actions, l'homme public doit s'occuper de faire le sien, mais non à la manière de l'homme privé; car il a contracté des devoirs avec lesquels il ne peut capituler. S'ils sont au-dessus de ses talens ou de son courage, qu'il se démette. La justice et l'honneur lui commandent de retourner à la condition de simple citoyen. Celui qui ne voit dans les fonctions publiques que de l'or et des vanités ne s'estime pas; il est lâche et vain. On ne peut les exercer dignement qu'autant qu'on en possède la science, et qu'on a le noble caractère de vouloir fondre l'amour de soi dans l'amour de ses devoirs. Voilà justement ce qui distingue l'homme public de l'homme privé. Celui-ci sans doute se doit à la société puisqu'il en est membre; mais si ses devoirs sont impératifs, ils sont circonscrits.

L'homme public, par une volonté préméditée, s'est dévoué à la chose publique; il a contracté le plus sacré des engagemens; il a pris le ciel et les hommes à témoin de la sincérité de son serment. Ah! quel est l'homme d'honneur qui jamais ait hésité entre la proscription et le parjure! Les Romains regardaient le serment comme le lien le plus indissoluble. L'infraction en était sévèrement punie, et c'est chose admirable que d'entendre dire à Cicéron, en parlant du retour de Régulus à Carthage. « Alors c'était une nécessité, et le mérite de son temps plutôt que le sien. » Quels temps héroïques !

L'homme ambitionne les grandeurs et la fortune ; et certes rien de plus naturel ; car ce qui est est voulu, comme dit Rousseau. Gardons-nous donc d'improuver ce qui doit être. Les actions généreuses jaillissent des passions ; c'est l'amour de la patrie qui enflamme le cœur des bons citoyens ; les passions créent le génie et soutiennent le courage de ces illustres compagnies, dont les veilles sont consacrées à tous les genres de gloire et d'utilité ; mais il faut le dire aussi, semblables à des inondations impétueuses, qui dans leur cours irrégulier et mugissant, déracinent, soulèvent, entraînent des arbres antiques et des rochers, les passions obscurcissent la raison, faussent le jugement, égarent l'imagination, avilissent l'âme, corrompent le cœur, étouffent la pitié même et flétrissent ainsi l'humanité ; passions honteuses, cruelles, d'où découle la nécessité d'une éducation nationale, fortifiée par la moralité de la religion, religion d'indulgence, de bonté, d'amour et d'espérance, qui foudroie le crime et blâme seulement les excès de ces sentimens impérieux et si doux dont l'espèce humaine est pétrie.

Je sais que des horreurs ont été commises au nom des religions, et j'honorais le caractère d'un littérateur qui n'en voyait pas la nécessité. Homme de bien, il avait le grand avantage d'offrir sa vie entière à l'appui de sa conviction ; et néanmoins plusieurs savans présens à la discussion, toute d'égards, que j'eus avec lui, restèrent inébranlables dans leurs croyances contraires à ses raisonnemens. « On bâtirait plutôt une ville en l'air qu'on établirait une cité sans religion. — PLUTARQUE. »

« Quelle que soit sur un petit nombre d'individus l'influence d'un naturel heureux, d'une bonne éducation, l'expérience et la raison ne permettent pas d'espérer qu'une nation sans religion puisse avoir de la morale. — WASHINGTON, dans son testament. »

Eh! oui sans doute, on a cruellement abusé des religions! cela prouve seulement que l'homme abuse des choses les plus sacrées; ce qui démontre d'autant mieux la nécessité d'une éducation nationale. Le législateur sait profiter de l'organisation morale des peuples pour leurs plus grands avantages.

Puisque l'homme naît avec le germe des passions, il en sera plus ou moins travaillé, jusqu'à ce qu'une longue habitude de les combattre lui ait donné la force de résister à leurs excès. Celui qui n'est pas dressé dès l'enfance à réprimer ses désirs, n'en aura jamais le courage, et l'homme public qui ne s'est pas fait des principes austères, se trouve au milieu de ses devoirs comme est au milieu des mers un vaisseau battu par une violente tempête; fût-il né avec des sentimens honnêtes, il n'aura pas le véritable caractère de la bonté dans l'homme public.

Je voudrais traiter cette belle question à la manière des géomètres; je voudrais que mes raisonnemens se déduisissent de la nature des choses; mais pour suivre cette méthode et arriver à des résultats positifs, il faudrait dérober au cœur humain tous ses secrets, et faire contraster les désirs qui en émanent avec les devoirs de l'homme public.

Je vais faire voir que les qualités ne sont pleines et entières qu'autant qu'elles se rencontrent dans un homme qui se possède, *qui se habet in potestate*. D'où je conclurai que le véritable caractère de la bonté dans l'homme public est dans la puissance qu'il a de soi-même.

L'amour du pouvoir naît quelquefois du sentiment qu'on a de ses forces, et le désir de la considération est souvent inspiré par les qualités qui la méritent. Qu'un homme d'un grand caractère, que la nature a doué d'un vaste génie, d'une tête doublement organisée, et pour la guerre, et pour l'administration générale, accepte le gouvernement d'un État en proie à l'anarchie, déchiré par la guerre civile, l'Éternel lui en fait un devoir. Il est si beau, si difficile de gouverner dignement, qu'il doit en avoir la noble ambition; lui seul peut anéantir les calamités qui désolent la patrie, et faire circuler les prospérités dans tous les rangs de la société.

Les révolutions, ces fléaux qui frappent à l'instant le pays de tous les maux renfermés dans la boîte remise à Pandore, font jaillir des lumières, dit-on : cela peut être; mais elles coûtent si cher, qu'un homme de bien ne se prête à une révolution qu'autant qu'il en reçoit l'ordre de sa conscience.

Les circonstances qui permettent à l'honneur d'arriver à la magistrature suprême sont heureusement très rares, car le devoir n'est pas dans la force; et je ne sache rien de plus pernicieux que cette pensée d'Euripide dans les Phénisses : « Si les lois sont à violer, c'est pour s'emparer du pouvoir : dans tout le reste, soyez juste. »

L'ambition fait bien assez de ravage dans le monde, sans lui donner l'appui d'une politique perfide. Dire que si les lois sont à violer, c'est pour s'emparer du pouvoir, c'est créer les plus sanguinaires factions, c'est invoquer le crime, c'est organiser la guerre civile; et que penser du jugement ou de la bonne foi d'Euripide qui ajoute : « Dans tout le reste soyez juste », comme s'il n'impliquait pas contradiction de violer sans scrupule les lois dans ce qu'elles ont de plus sacré et de les respecter dans tout le reste ? On serait tenté de croire qu'Euripide avait ses raisons pour être inconséquent; car ce n'est pas à lui qu'on peut appliquer ce que dit Pythagore : « Cultivez la science des nombres; nos vices et nos crimes ne sont que des erreurs de calcul. »

L'ambition est ordinairement en raison du courage et des talens; et l'excès est très près des moyens : ce sont des taches sur une belle figure. Oui certes, dans toute élévation extraordinaire, le courage de la vertu est le plus rare des courages.

L'homme public doit aimer la patrie par sentiment et par devoir. C'est un fils qui chérit sa mère, et pour lui avoir donné le jour, et pour les bienfaits dont elle l'a comblé. Il ne voit que par ses yeux, il ne juge que par son esprit, il ne sent que par son cœur. Princes, qui gouvernez les nations en leurs noms et dans leurs intérêts, vos sentimens sont à la hauteur de vos dignités. Vous n'avez point les faiblesses des peuples; car pour faire leur bonheur, il ne faut pas en avoir la mobilité : vous devez dire comme Auguste : « Je suis maître de moi. »

Que des considérations de parenté, d'amitié, d'intérêt, déterminent la multitude, cela doit être ; mais l'homme public ne peut sans honte et sans se parjurer, ployer la tête sous le joug des passions qui agitent le vulgaire. Le respect qu'on lui porte n'est fondé que dans la croyance qu'on a qu'il le mérite à tous égards. On se plaît à voir en lui cette force d'âme d'où naissent les belles actions, et sans laquelle il n'y a ni justice, ni honneur. Quelques seigneurs allemands offrent la couronne impériale à Othon de Saxe; il la refuse à cause de sa vieillesse, et leur conseille d'élire Conrad, quoique son ennemi, ce qui fut exécuté. Ce refus est d'une âme élevée; mais le conseil d'élire son ennemi, est d'une âme héroïque.

Jeunes et généreux citoyens, qui vous destinez aux fonctions publiques, feuilletez l'histoire, et rassemblez un certain nombre de ces traits qui honorent l'humanité : posez la main sur vos cœurs en les lisant, et vous les sentirez palpiter aussitôt. Un noble feu circulera dans vos veines, vos pensées s'agrandiront, se fortifieront, et vous brûlerez d'impatience d'imiter vos modèles. Sachez, rappelez-vous sans cesse que le véritable caractère de la bonté dans l'homme public est dans la puissance qu'il a de soi : « *Potentissimus est qui se habet in potestate* »; et qu'il n'est plus temps de se refondre quand on est arrivé à la maturité de l'âge. Ne perdez jamais le souvenir de cette maxime de loyauté :

« Le vrai miroir de nos discours, est le cours de nos vies. »

Le législateur qui prépare, qui discute, qui vote les lois, ne saurait trop se pénétrer de la matière qu'on agite ; car le bonheur des peuples est plutôt dans les lois civiles que dans les constitutions ; et si les mœurs sont plus puissantes que les lois : « *Quid leges sine moribus ?* » les lois redressent et changent les mœurs avec le temps. Les lois fécondent les terres ou les frappent de stérilité ; elles protégent le commerce ou le découragent ; elles stimulent l'industrie ou la paralysent ; les lois doivent être le ciment des sociétés.

Qu'elles sont importantes les fonctions augustes de législateur ! Il ne faut rien moins pour les remplir dignement que beaucoup de savoir, de la sagesse dans les délibérations et un généreux dévouement au bien public. Le législateur ne balancera pas à proposer ou à voter une loi qu'il jugera bonne, dût-il se faire des ennemis puissans ; comme aussi la crainte de déplaire ne lui fera point garder le silence, s'il est convaincu que la loi proposée aurait des effets désastreux, ou qu'elle blesserait les règles de la justice. Quand il siége, il n'a ni amis, ni ennemis : il ne voit que la patrie ; et puisque l'occasion s'en présente, j'observe que, dans nos assemblées nationales, plusieurs députés d'un beau talent, très estimables par leur naturel, ont eu la faiblesse de voter quelquefois avec des collègues dont ils n'approuvaient pas les opinions : voilà la dangereuse influence de l'esprit de parti. Dans ces temps audacieux et criminels, où la mort voltigeait sur les têtes, les forces morales de beaucoup de personnes en étaient paralysées. Il me serait agréable de nommer des députés d'un plus mâle courage, qui, n'écoutant que leurs consciences, ont bravé les proscriptions et l'échafaud. Oui, sans doute, ils étaient dignes de se trouver dans ces positions héroïques, héroïques par cela même que les vertus étaient réputées des crimes; mais je craindrais de faire des omissions.

Les considérations personnelles sont étrangères au législateur ; il ne connaît que les principes, il ne se détermine que par des vues générales ; il ne sacrifie point ce qui est honnête à ce qui paraît utile, et parce qu'il a le sentiment de ses devoirs, et parce qu'il sait que l'honnête est le souverain bien. Thémistocle annonce au peuple un projet utile qui ne peut être divulgué. Aristide est nommé pour en prendre connaissance, et Thémistocle lui assure qu'il est aisé de brûler la flotte des Lacédémoniens, qui était entrée dans le port de Gitée. Aristide rentre dans l'assemblée, et dit qu'à la vérité le projet était très utile, mais qu'il n'était pas honnête. Les Athéniens jugèrent aussitôt que puisqu'il n'était pas honnête, il n'était pas utile ; et, de l'avis d'Aristide, ils le rejetèrent sans savoir en quoi il consistait. Ce trait est si généreux, si beau, c'est un germe si fécond à déposer dans de jeunes cœurs, que je voudrais qu'il fût écrit en gros caractères dans toutes nos écoles. Les professeurs feraient sentir à leurs élèves que l'honnête est le bien par excellence, que les peuples et les individus qui se conduisent par l'idée contraire, se déshonorent et marchent à leur ruine.

Encore que ce principe soit reconnu, qu'il soit doublement obligatoire pour l'homme public, il faut convenir que la recherche de l'utile tient à la nature humaine, et qu'il saisit par enchantement tout ce qui lui
en présente l'idée; mais il est également vrai que le
désir de l'utile, tout prononcé qu'il soit, n'est point
exclusif. Il est neutralisé par cette organisation senti-
mentale et intellectuelle qui nous sépare, qui nous distingue des animaux : organisation céleste, qui élève nos
pensées, épure nos passions, rehausse notre courage,
fortifie nos volontés, et nous porte par les généreux élans
d'une âme incendiée à des actions sublimes, dont le
bonheur de nos semblables est l'objet. C'est cette admirable organisation, qui, modifiant l'amour de soi, a produit les Socrate, les Lycurgue, les Coclès, les Décius,
les Régulus, les d'Assas et beaucoup d'autres. Ces illustres citoyens ne prisaient la vie que par les services
qu'ils ambitionnaient de rendre à leur patrie.

Panétius, qui a si bien traité la question des devoirs,
propose les trois difficultés qui suspendent le jugement :
doute sur l'honnête, doute sur l'utile, règle pour juger,
lorsque l'idée de l'honnête ne se trouve pas dans un
objet qui paraît utile. Il discute les deux premiers points
avec promesse d'éclaircir le troisième, ce qu'il n'a pas
exécuté. Quelques uns pensent que ce n'est pas négli-
gence de la part de Panétius; que cette question était
superflue, puisque l'honnête et l'utile sont indivisibles.
Il est difficile effectivement de ne pas attribuer à la volonté le silence de ce philosophe; car Possidonius, son
disciple, nous apprend qu'il vécut trente-trois ans après

avoir publié ses écrits. Il a jugé que la comparaison en ce genre était dangereuse. Cicéron ne confirme-t-il pas ce sentiment, quand il dit : « On peut douter s'il était convenable de rejeter ou de traiter cette troisième partie. » Mais se prononçant pour cette dernière opinion, il l'a discutée. Il n'appartenait qu'à ce beau génie de se mettre au-dessus du pompeux éloge que Publius Rufus fait de Panétius, en disant que, comme la Vénus d'Apelles était demeurée imparfaite, parce que la beauté de la tête avait découragé tous les peintres, de même ce que nous avions de Panétius était si beau, que personne n'avait osé remplir le vide qu'il avait laissé.

Cicéron a traité cette troisième partie de la division de Panétius avec toute la netteté de son grand talent. Il a rapporté des exemples, des hypothèses même faites par quelques auteurs, et après avoir donné connaissance des sentimens opposés de plusieurs philosophes, il conclut avec les stoïciens que l'honnête est toujours utile, et qu'il n'y a rien d'utile que ce qui est honnête.

Je ne devrais pas peut-être élever la voix entre ces grands hommes; car je ne suis qu'un bon citoyen. Eh ! pourquoi ne parlerais-je pas des savans de l'antiquité, puisque j'ose bien comparaître devant des savans du premier ordre?

La doctrine des stoïciens, adoptée par Cicéron, est trop sévère pour être persuasive. Elle n'a pas de prise sur l'instinct de nature, elle est abstraite, elle ne peut être appréciée que par un petit nombre d'êtres privilégiés. Vouloir qu'un marchand qui arrive dans une ville , vende sa denrée au-dessous de ce qu'on lui en offre, parce qu'il sait que d'autres marchands le suivent et vont apporter l'abondance ; vouloir que de deux hommes, dont l'un sera infailliblement noyé, celui qui est le moins utile à son pays cède généreusement à l'autre la seule planche qui soit à sa disposition, c'est parler un langage inintelligible, c'est outrer les vertus, c'est faire de la métaphysique, c'est vouloir ce que la nature n'a pas voulu. Le sentiment des péripatéticiens est plus raisonnable, plus vrai, plus éloquent, car l'éloquence est l'art de persuader. Ils se contentent de dire que l'honnête est le bien par excellence. Cette morale n'est point en contradiction avec notre être ; elle fixe la pensée sans l'effrayer ; et comme le germe de l'honnête est dans tous les cœurs, elle obtient l'assentiment de ceux même qui n'ont pas assez de force pour en faire la règle de leur conduite.

Celui qui sait préférer l'honnête à l'utile, encore qu'il croie qu'il y a des choses utiles qui ne sont pas honnêtes, saura se dévouer pour la patrie, rendre la justice contre soi-même, marcher au supplice, plutôt que de trahir sa conscience. Que voulez-vous de plus, stoïciens par trop austères ? Souffrez que le commerçant reçoive ce qu'on lui offre. Il mérite d'être cité pour sa probité, s'il donne sa marchandise pour ce qu'elle est. Diogène de Babylone était conséquent à ce qui doit être, en soutenant que le marchand d'Alexandrie n'était pas obligé de prévenir les habitans de Rhodes de l'arrivée de plusieurs autres marchands. Vous voulez aussi que, par un froid calcul, on se détermine à se noyer pour sauver celui qui peut être plus utile au pays. Ah! ne prétendez pas changer l'essence des choses par des abstractions. L'exagération donne des doutes sur la bonne foi. Faire un devoir de se sacrifier pour autrui, c'est vouloir du raisonnement des actions héroïques. Non, non, les argumens d'Hécaton n'ont rien infanté de sublime : l'étincelle qui le produit sort d'une âme de feu. Les Français marchent au combat en chantant; ils maîtrisent la victoire par leur vaillance. Ils font un rempart de leurs corps à un général, à un camarade par un élan de cette courageuse sensibilité qui leur est propre. Soldats! à quoi bon vous parler de gloire, d'honneur, d'amour de la patrie! la leçon prendrait plus de temps qu'il ne vous en faut pour vaincre.

La doctrine des stoïciens étant outrée produit plutôt le relâchement, qu'elle ne porte à la vertu; car, par cela même qu'elle est décourageante, on ne se donne pas la peine de valoir quelque chose, quand on sait qu'on ne voudra jamais beaucoup.

Je dis avec les péripatéticiens que l'honnête est le bien par excellence; mais je n'en conclus pas qu'il n'y a d'utile que ce qui est honnête. Ce principe ainsi généralisé, absolu comme une proposition de géométrie, est au-dessus de la vérité et de l'humanité. Je rends hommage à l'intention des philosophes qui l'ont posé : ils ont jugé que diviser l'utile de l'honnête était funeste pour les mœurs, et cela est vrai; mais en conclure qu'une action ne peut être utile étant malhonnête, c'est forcer la conséquence. Mieux vaut en morale dire la vérité, vérité qui montre plus ou moins honteux ceux qui sacrifient l'honnête à l'utile, vérité que ceux-là mêmes sentent si bien qu'ils tiennent leurs actions dans l'ombre.

Cicéron, tout austère qu'il soit, ne pense pas que ses argumens aient la valeur d'une démonstration, puisqu'il dit à son fils : «Je vous demande de m'accorder, si vous le pouvez, que rien en soi n'est désirable que l'honnête. Si l'autorité de Cratippe vous arrête, vous m'accorderez au moins que c'est la chose la plus désirable : l'un ou l'autre me suffit : voilà les deux opinions les plus probables : elles le sont exclusivement. »

C'est ainsi qu'on est obligé de rentrer dans le cercle de la vérité : il vaut mieux n'en pas sortir. L'honnête est le sentiment le plus utile, et pour les états et pour les particuliers ; mais ne fermons pas les yeux sur ce qui se passe autour de nous, et nous verrons qu'il y a des choses utiles qui ne sont pas honnêtes, et des choses honnêtes qui ne sont qu'estimables. Celui-là ne fera jamais rien que d'honnête, c'est un ange ; celui-ci se déterminera tantôt par l'honnête et tantôt par l'utile, c'est un homme ; cet autre ne sera frappé que de l'utile, il n'a ni cœur, ni honneur.

L'homme est agité, déchiré par les passions ; elles le travaillent sans cesse. Il ambitionne les honneurs, la considération, la fortune ; il aime la magnificence ; il est pétri d'amour-propre. Je le prends comme il est, et je pense qu'il n'y a rien à gagner d'en parler comme il n'est pas : la morale n'est persuasive qu'autant qu'elle est sentie.

Si donc l'homme est ambitieux, il doit être avide de

gloire; s'il recherche les honneurs, il doit en avoir la dignité; s'il attache un haut prix à la considération, il doit travailler à la mériter. Il faut dire avec Voltaire :

Les passions sont un présent céleste,
L'usage en est heureux, l'abus en est funeste.

En un mot, les passions honorent l'humanité, comme elles en font la honte. Stoïciens, vos doctrines sont au-dessus de la multitude : elle sent, elle agit, et ne fait point de métaphysique. Si les leçons de la philosophie fécondent des germes heureux, elles ne les créent pas : le sublime est le chef-d'œuvre de la création. Le nouveau César de nos jours, qui a pu dire : Je suis venu, j'ai vu, j'ai vaincu, qui certes aurait orné le ciel de sa gloire, s'il n'avait fait la guerre que pour avoir la paix, en fait preuve; et cependant il est vrai de dire que parfois son génie a paralysé son jugement.

Si tous les hommes ne naissent pas assez heureusement pour sentir que le juste et l'honnête sont le bien par excellence, presque tous sauraient remplir les devoirs moyens s'ils recevaient une éducation convenable, si l'on mariait la morale avec les jeux de l'enfance. Il appartient particulièrement aux gouvernemens de diriger les passions vers l'utilité générale, par de bons exemples surtout; car « la foi qui n'agit pas est-elle sincère? » Et par des témoignages d'estime aux savans et aux gens de bien. Les uns dispensent les lumières, les autres servent de modèles. Comment ne seraient-ils pas distingués entre les hommes, puisque la nature les a si généreusement favorisés? Aussi la considération est-elle la plus flatteuse récompense qu'ils puissent recevoir. Ils savent qu'elle n'est pas due à tout le monde, et que tout le monde peut avoir de l'or. « Le zèle des hommes vertueux et éclairés, disait Constantin à ses courtisans, se soutient et s'accroît par la certitude qu'ils ont que l'empereur entendra ou lira leurs ouvrages. » On s'élève toujours dans l'opinion des hommes en raison des qualités qu'on a; et la noble ambition de mériter l'estime publique inspire le génie, généralise la science et fait le riche tributaire de l'humanité.

Que l'homme public ne cherche pas à excuser ses fautes par la nature de son être. Il s'est mis sous la rigueur des préceptes. Il est dans ses obligations de ne voir que le juste et l'honnête; et si j'ai parlé de l'honnête et de l'utile avec quelque étendue, si j'ai montré l'homme comme il est, si j'ai dit que l'exagération en morale nuisait à la conviction, j'ai eu pour but de mettre en lumière la grande distance qui sépare l'homme public de l'homme privé. J'ai pensé que cette méthode était convenable pour se former une juste idée des devoirs de l'homme public.

Les passions sont continuellement aux prises avec les vertus, et celles-ci sont sur la défensive. Oh, combien il est difficile de parer tous les coups d'un adversaire implacable, qui nous combat sans cesse, et que nous ne pouvons frapper à mort! La perte est certaine si l'on n'est pas entièrement couvert d'un bouclier impénétrable.

L'homme public étant un homme, se surprend assez souvent entre l'honnête et l'utile. C'est dans ces circonstances délicates qu'il doit se rappeler qu'on est coupable à l'instant qu'on délibère, et toujours est-il qu'il a besoin de toutes ses forces pour vaincre. Qu'il est fort celui que les passions n'ont jamais jeté hors du cercle de ses devoirs ! *Potentissimus est qui se habet in potestate.*

S'il était nécessaire que j'appuyasse mes idées par des exemples, je ne serais pas réduit à les prendre chez les anciens. Notre belle France, pays de gloire et d'honneur, m'en fournirait d'un courage héroïque et de la plus haute vertu. Je parlerais de ces hommes de bien que des événemens extraordinaires ont appelés aux premières fonctions de l'État. Je dirais qu'ils ont combattu le crime corps à corps, que leur âme s'est fortifiée en raison du péril dont ils étaient menacés ; et que la probabilité même de succomber sous les coups de l'iniquité n'a été pour eux qu'un motif pour mettre en évidence leur glorieux dévouement. Je dirais que ceux de ces généreux citoyens qui sont restés debout, n'ont plus voulu enfieller leurs pensées de ces temps de rage stupide, qui dévorait l'innocence, la vertu et la liberté : leurs souvenirs ont pâli devant la patrie.... et vous, hommes privés, qui vous enflammez si promptement quand on n'est pas de votre avis, apprenez que Scipion et Métellus furent toujours opposés d'opinions et qu'ils ne se haïrent jamais : il est donc évident que le véritable caractère de la bonté dans l'homme public est dans la puissance qu'il a de soi : « *Qui se habet in potestate.* »

Il n'est pas rare de voir des hommes qui honorent la

justice, la probité, et qui se conduisent parfois comme s'ils étaient mal nés. Les bons sentimens qu'ils ont ne sont pas fécondés pas la puissance morale ; ils ont un cœur sans étoffe. « *Video meliora, proboque, deteriora sequor.* Le démon de Socrate, dit Montaigne, était à l'aventure certaine impulsion qui se présentait à lui sans le conseil de son discours. »

L'administrateur suprême de l'État, participant plus ou moins à la formation des lois, doit avoir le génie du législateur, une profonde connaissance du cœur humain, un discernement rapide et sûr, une force d'âme extraordinaire, et pour apprécier les conseils à leur valeur, et pour résister à la séduction du pouvoir, et pour combattre au besoin les affections les plus douces, les plus aimables ; ces tendres et brûlantes affections qui tyrannisent les jeunes cœurs, qui charment l'existence des hommes faits, et dont les souvenirs sont encore agréables à la vieillesse.

« Que ceux qui sont destinés à gouverner, dit Cicé-
« ron, s'inculquent bien ces deux préceptes de Platon :
« l'un de prendre à cœur l'utilité publique, d'y rappor-
« ter toutes leurs actions, sans songer à eux-mêmes ;
« l'autre de pourvoir au bien de tout l'État, de ne pas
« s'attacher à une partie au préjudice des autres. Les
« charges sont une espèce de tutelle, qu'il faut régir
« selon l'intérêt non du curateur, mais des pupilles. Ces
« magistrats zélés pour les uns et indifférens pour les
« autres, ouvrent la porte aux plus grands de tous les
« désordres : la discorde et la sédition. »

Je pourrais appuyer mes raisonnemens par un grand

nombre de faits; mais quand l'esprit est éclairé, les longueurs le rebutent. Son activité naturelle le porte du connu à l'inconnu; et j'en ai dit assez pour qu'il soit démontré que le véritable caractère de la bonté dans le chef de l'État est dans la puissance qu'il a de soi. Alexandre n'aurait pas terni sa gloire, s'il avait eu la force de gouverner ses passions.

Le magistrat ne peut être à la hauteur de ses nobles fonctions, qu'autant qu'il est doué de grande capacité d'esprit et de jugement; car les lois n'ont pas une précision algébrique. Loin de nous ces temps malheureux, où la sottise et la cupidité étaient assez audacieuses pour envahir les places par les fureurs de l'anarchie!

« Lorsque lié par le serment, le juge monte sur le tribunal, dit Cicéron, qu'il se souvienne qu'il est en présence d'un témoin irréprochable, que ce témoin est Dieu, c'est-à-dire sa conscience, le plus divin des dons que le ciel ait faits à l'homme. »

Le magistrat ne sera pas digne de ses honorables fonctions, s'il n'élève ses sentimens au-dessus des faiblesses humaines. Comment conservera-t-il une parfaite liberté de tête, sans laquelle il ne peut concevoir, réfléchir, comparer, si la peur de déplaire, fusse à un tyran, préoccupe son âme? Cette vérité de nature, que l'homme veille à sa conservation par instinct, ainsi que tous les animaux, ne lui est pas applicable dans l'espèce; il a fait le serment d'être un homme d'honneur. La morale étant fille de la vérité, on ne peut sans doute approuver la doctrine des métaphysiciens qui ne tiennent pas pour honnêtes gens les simples citoyens, s'ils ne remplissent point les devoirs sociaux avec la pureté qui doit caractériser l'homme public. Ces rigoristes font le procès à la Divinité ; ils veulent ce qu'elle n'a pas créé. A quoi bon placer des modèles au-delà de la vue ? Les forces morales ainsi que les forces physiques ont leur mesure ; et par cette raison l'enseignement des devoirs moyens est plus profitable que l'enseignement des devoirs parfaits. Ceux-ci ne sont exigibles que de l'homme public. Il a dit à la société qu'il avait les vertus de son état ; il a tout promis, il doit tout tenir.

Le juge est circonscrit de toutes parts ; il vit au milieu des tentations. Des hommes puissans, des parens, des amis, s'emploient auprès de lui avec un zèle de feu ; ils flattent ses faiblesses, ils éveillent ses désirs. Les uns sont les protecteurs de ses enfans, il voit habituellement les autres ; il doit le jour à ceux-là, et cette tendre épouse n'est-elle pas l'arbitre de ses destinées ? Le ciel est dans ses yeux, le bonheur est dans ses charmes.... Eh bien ! s'il délibère dans ces occurrences difficiles, sa défaite est prochaine. Quiconque écoute les affections brûlantes d'un cœur passionné finit par lui obéir.... Satyre, tu veux embrasser le soleil ! Prends-y garde ! Tu pleureras la barbe de ton menton, car il brûle quand on y touche.

Les devoirs du juge exigent qu'il sacrifie l'avancement de ses fils à la justice, qu'il sache régler les affections qu'il porte à ses amis, qu'il puisse contenir enfin les plus doux et les plus impérieux sentimens de la nature; force sublime qui descend du ciel pour orner la terre! Il est de fait heureusement que le bonheur fuit les lâches, et que l'homme de bien parfume les lieux qu'il habite. Jamais on n'a vu la figure du juste altérée par ses souvenirs. A combien de périls l'impartialité du juge est-elle exposée! elle n'est pas satisfaite par le sacrifice des affections les plus légitimes; elle exige encore qu'il voie sans trouble, qu'il écoute de sang-froid l'ornement du monde, le charme de la société, les délices de la vie, le chef-d'œuvre du Créateur, une belle femme enfin! Puissance attractive, enchanteresse par l'esprit et les grâces.

« La beauté, dit Montaigne, tient le premier rang au commerce des hommes. » Socrate l'appelait une courte tyrannie, et Platon le privilége de nature. Phryné perdait sa cause entre les mains d'un excellent avocat, si, en ouvrant sa robe, la beauté de son corps n'eût pas séduit ses juges, *objectum movet potentiam*. L'œil est un conducteur électrique, l'étincelle frappe à l'instant le cœur le plus vertueux, car il est flétri par la nature celui qui ne sent pas les charmes de l'existence; mais la force qui protége le sage le préserve de l'incendie. Encore qu'une nouvelle Hélène comparût devant nos magistrats, ils condamneraient le nouveau Pâris.

La carrière que parcourt le militaire est semée de lauriers; elle est séduisante pour un grand cœur; mais si la bravoure suffit dans un soldat, d'autres qualités sont nécessaires dans celui qui commande. Chargé des plus grands intérêts qu'on puisse remettre entre les mains d'un citoyen, le général doit avoir le génie de la guerre et le dévouement de d'Assas. La guerre a ses lois et ses usages, et dans aucun cas il n'est permis de manquer à la foi donnée. Ce général était sans honneur, qui ayant fait une trève de trente jours avec l'ennemi, ravageait ses terres la nuit, sous le prétexte que la trève n'était que pour le jour.

L'humanité, la générosité, l'élévation dans les sentimens, prescrivent des devoirs envers les vaincus, et même envers les agresseurs. Cette vérité du cœur est féconde en belles actions. Elle était profondément gravée dans l'âme de Pyrrhus, quand il fit cette réponse, digne du sang des Eacides :

Cette rançon, cet or, sont indignes de moi.
Combattons pour la gloire et dédaignons de faire,
Des périls de la guerre, un métier mercenaire ;
Et le fer à la main, en généreux soldats,
Disputons notre vie et ne nous vendons pas.
Que la valeur ici décide de l'empire,
Romains, et retenez ce que je vais vous dire :
Vos soldats dès ce jour ne sont plus prisonniers ;
Pyrrhus n'a point de fers pour de braves guerriers,
Dont le sort des combats respecta le courage ;
Je vous les rends, ma main brise leur esclavage ;
Pyrrhus le veut ; les dieux le veulent avec lui.

Voilà des sentimens de héros qui présentent une politique sublime, qui par cela même met en lumière la sottise de ceux qui s'approprient cette pensée « qui n'est pas pour moi est contre moi. » César, en homme supérieur, disait : « Qui n'est pas contre moi est pour moi. »

Si des vues personnelles préoccupent la pensée du général, il imitera Callicratidas, qui, pensant que sa gloire serait compromise par une retraite, perdit tout le fruit de ses succès en rejetant un avis salutaire, ou bien Cleombrote, qui, par la crainte de l'envie, ruina Lacédémone en combattant Epaminondas. Il sacrifia la patrie à cette maxime dont parlent Tacite et Sénèque, qu'il faut bien se garder de rendre tant de services à l'État, que le chef ne puisse en donner la récompense : « *Nam qui putat esse turpe non reddere ; non vult esse cui reddat.* »

Le grand citoyen que ce général qui naguère fit passer à tire d'aile une forte partie de son armée à un autre général ! Cicéron s'écriait en parlant d'Aretus de Sycione, Oh ! grand homme, que n'avez-vous été Romain ! Je suis plus heureux, ce héros est un Français.

J'ai suivi l'homme public dans ses diverses fonctions. Je l'ai mis aux prises avec les passions voulues par la création ; et j'ai fait voir qu'il ne peut observer le juste et l'honnête en toute circonstance qu'autant qu'il est maître de soi. Qu'on se plaise en effet à réunir la justice, l'honnêteté, la prudence, la tempérance et les qualités qui les accompagnent ; toutes ces vertus seront sans chaleur, sans vie, si la force les abandonne. C'est la force qui donne à chacune d'elles la physionomie qui lui est propre, et l'honorable application de ce poétique hommage de Virgile, ne convient qu'aux princes qui savent se maintenir à la hauteur de leur position par un noble et grand caractère de justice et de force.

Daphni, quid antiquos signorum suspicis ortus ?
Ecce Dionœi processit Cœsaris astrum :
Astrum, quo segetes gauderent frugibus ; et quo
Duceret apricis in collibus uva colorem.
Insere, Daphni, pyras ; carpent tua poma nepotes. (1)

---

(1) « Daphnis, pourquoi contemples-tu le lever des antiques « étoiles? Voici le nouvel astre de César. C'est cet astre qui « mûrira nos moissons, et colorera les raisins sur nos coteaux. « Daphnis, plante des poiriers; tes petits-fils en cueilleront les « fruits. »

DU SUFFRAGE UNIVERSEL.

La perfection des Gouvernemens consistant à faire sortir l'harmonie politique des intérêts individuels, le suffrage universel serait à établir s'il devait faire le bonheur universel : *Quod est demonstrandum.*

Cette question, d'une si haute importance pour les peuples qui ont une constitution, est à résoudre ; et le désir que l'on manifeste depuis peu de voir ce mode d'élection consacré par la loi, pauvre héritage de Robespierre, me fait un devoir de parler d'un savant qui jouissait d'une haute estime, dont les talens étaient embellis par une probité politique qui lui a coûté la vie.

Dans ces temps d'horribles souvenirs, où la mort frappait l'innocent et le bourreau, Condorcet, membre du comité de salut public, fut chargé de présenter une constitution. Quoique je ne fusse plus son collègue, je le priai de me dire quelle était la base principale de son travail, les élections. Il me fit part des opinions qui avaient partagé le comité, dont le résultat fut le vote universel, comme étant pour la majorité du comité la conséquence de la république.... 1793 voulait cette conséquence.

Puisque vous me permettez, lui dis-je, de vous parler avec toute la vérité de ma conviction, je vais combattre l'opinion de la majorité du comité par des raisonnemens qui sortiront des faits.

L'universalité des individus d'une nation a-t-elle le patriotisme sublime de sacrifier en toutes choses ses intérêts privés aux intérêts généraux? L'axiome : « *nemo sibi secundus* » fait la réponse. Il faut donc porter aux premières fonctions de l'État les hommes qui, par leur position sociale, sont les plus capables de faire le bien général, *et dont on connaît la moralité*.

L'universalité des citoyens a-t-elle les connaissances voulues pour faire de bonnes nominations? Non certes. Les démagogues enfin ont si cruellement abusé de l'honnête crédulité des hommes sans instruction, que le mot seul d'aristocrate est une sentence de proscription; et pourtant ces chefs de malheur savent aussi bien que vous, que l'aristocratie d'esprit, de savoir, de vertus, de fortune, de naissance, qu'on a voulu noyer dans le sang par une barbare et ambitieuse envie, est dans le grand œuvre de la création; vérité brûlante pour les sophistes, qu'ils dénaturent au gré de leurs passions quand ils parlent à gens qu'ils dédaignent.

Puisque vous avez la bonté de m'écouter avec quelque intérêt, je vais dire laconiquement toute ma pensée sur la souveraineté du peuple. On abuse de cette expression faute d'en connaître la justesse, ou dans la criminelle intention de porter les citoyens au mépris des lois. La souveraineté du peuple n'est positive, forcée, que pour un peuple de sauvages, dont l'existence est la même sous tous les rapports; mais pour des nations civilisées, instruites, policées, la souveraineté du peuple n'est qu'une idée théorique, inhérente à la nature primitive, sans application possible;

elle dort d'un sommeil léthargique. Vouloir qu'une grande nation se gouverne par la souveraineté du peuple proprement dite, c'est vouloir que l'âge viril soit l'enfance; c'est manquer de jugement ou de bonne foi. Le suffrage universel fera le malheur du pays; il frappera de mort les citoyens les plus recommandables par leur savoir et leur honnêteté. Vos ennemis, Condorcet, ne vous pardonneront pas l'estime qu'ils vous portent! Excusez ma franchise, vous voyez que j'en souffre. Les séductions les plus criminelles ne font-elles pas déjà fermenter les mauvaises passions? Faudra-t-il que les Français s'exterminent comme les soldats de Cadmus, pour juger le suffrage universel? Suffrage universel qui, quelque jour, brisera l'union des États d'Amérique. Dieu veuille faire un miracle qui anéantisse mes prévisions!

Un ambitieux de popularité ne m'aurait pas écouté; mais Condorcet, loyal, moral, beaucoup au-dessus d'un amour-propre de médiocrité, me répondit que si l'expérience venait à l'appui de mes objections, on ferait un mode électoral commandé par la nécessité

Vouloir que le peuple nomme ses députés, c'est dire que le suffrage universel donnerait à tous les citoyens la science, le jugement, et les vertus politiques. Ah! quelle injustice et quel malheur que les femmes ne soient pas admises au suffrage universel; elles seraient toutes belles et bonnes!

FIN.

9 782012 979857